JIYOUNG 知英

こんにちは☺ 知英です。

　私の初のSTYLE BOOKができました。自分目線で紹介した、思い入れのある3都市の紹介や、そこでの素の私、大好きな音楽やドラマ、メイクやファッションへのこだわり、そして私の"大切な秘蔵っ子"も初めて紹介しています！
　今まで話さなかったこともいっぱい、自撮り写真も満載。そして、ぜ〜んぶ私服でお見せします。これまで見せたことのない私がギューッと詰まった一冊になりました！
　あなたの知らない知英、ひとりの女の子としての知英。身近に感じて、楽しんでもらえたら嬉しいです♡

知英

CONTENTS

こんにちは、知英です。　2
ただいま成長期真っただ中!!　6
3か国語、話しちゃいます!　8
大事な大事な3つの街　10

CHAPTER 1　大好きなロンドン、自由の街ロンドン!　12

JIYOUNG'S LONDON STYLE 01　私がロンドンに行ったワケ　16
JIYOUNG'S LONDON STYLE 02　ロンドンのストリートが大好き!　18
JIYOUNG'S LONDON STYLE 03　英語とわたし　22
JIYOUNG'S LONDON STYLE 04　ロンドンって、どんな街?　24
JIYOUNG'S LONDON STYLE 05　ロンドンで大好きだった場所たち　28
JIYOUNG'S LONDON STYLE 06　カメラ、大好き!　32
JIYOUNG'S LONDON STYLE 07　ひとりぼっちの外国の街で　36
JIYOUNG'S LONDON STYLE 08　どこにだって、自分で行ける!　38
BYE-BYE　ロンドンに、さよなら　40

CHAPTER 2　大好きなソウル　44

知英自身＆友だち＆家族で撮ってきたよ!　私のソウル、見せちゃいます　48
韓国料理は私のパワーの源。お母さんの料理が世界で一番おいしい!　50
ソウルを流れる漢江エリアは、ソウルの美しさを感じさせてくれます　52
特別蔵出し大公開! ヘン(＾◇＾)ありの、自撮りオモシロ写真たち　54
大好きなソウルと、家族と離れて……　56

CHAPTER 3　思い出の沖縄のこと　60

5年ぶりに、思い出の詰まった沖縄へ　62
沖縄の海を見て思うこと。あのときのわたしと今のわたし　74
初めて日本を知った沖縄で感じた、今のわたしと日本　82
Grow up!……したのかな?　84

CHAPTER 4　わたしらしさとファッションのこと　88

JIYOUNG'S FAVORITE ITEMS　SHOES・BAGS・SUNGLASSES　94

CHAPTER 5
BEAUTY　知英のキレイのヒミツ、こっそり教えます　100

COLUMN 1　Jiyoungのネイル見せちゃいます!　42
COLUMN 2　猫ライフ、始めました　58
COLUMN 3　私の♥なMUSIC & DRAMAS　86
COLUMN 4　知英語録♥　98

INTERVIEW
知英の今、そしてこれから　104
知英からの直筆メッセージ　111

素のご主人様ニャン!

{{ I'M GROWING. }}

JIYOUNG'S FEELING IN 3 CITIES

ただいま成長期真っただ中!!

　2014年4月、KARAを卒業して単身ロンドンへ渡った私は、ここでエネルギーをチャージし、4か月後に日本で女優としてリスタートしました。
　ミュージシャンから女優へ──。
　違う道を歩き始めた私を「おかえり」って、温かく迎えてくれたのは、故郷のソウル、そして、日本のことをまだほとんど知らない時代に訪れて大好きになっていた沖縄です。
　ロンドン、ソウル、沖縄。この3つの場所は、私にとって、とても思い入れのあるところ。多分、私は、この3都市からたくさんのことをもらってちょっぴり成長した。
　といっても、まだまだ私は発展途上。ただいま成長期真っただ中！今の私と、それを作ってきた場所、人……そんな思いを感じてほしくて。

KOREAN

もちろんフツーに話せますよ（笑）。なんといっても韓国語は母国語ですから、ハイ！

TRILINGUAL?
3か国語、話しちゃいます！

　韓国の地方都市・坡州（パジュ）で生まれ育った私は、当然、韓国語しか話せませんでした。でも、ミュージシャン時代は韓国と日本を行ったり来たり。そのおかげで、日本語もまずまず喋れるようになりました（もちろん、ちょっぴり努力もしましたよ）。そして、ロンドンへ行った甲斐あって、今では英語もOK！　いつのまにかトライリンガル？　でも、夢を叶えるには、言葉って大切だよね。

JAPANESE

5年前から勉強している日本語。イントネーションや発音が、自然になってきたって言われるようになって、とっても嬉しい！

[[I'M GROWING.]]

Attracted Language

ENGLISH

英語は絶対に話せるようになりたかった！ 目指すはハリウッド（!?）アハハ〜。

{[I'M GROWING.]}

TRILINGUAL?

大事な大事な3つの街

FAVORITE PLACE

📍 LONDON

UNITED KINGDOM

"自由な時間"を初めて持てた場所

　ロンドンは、14歳から芸能活動をしていて、ずーっと忙しくしていた私に、初めて"自由な時間"をくれた場所です。

　公園でお昼寝したり、ひとりで地下鉄に乗っていろんなところを訪ねたり、友だちとパブに行ったり……。ロンドンでの日々は、「フツーの女の子」として初めて過ごす、大事な機会を私にくれました。

FAVORITE PLACE
📍 SEOUL

**家族がいるホームタウンは
私の心の拠り所**

　生まれてから14歳まで住んでいたのは坡州(パジュ)だけど、今ではソウルが私のホームタウン。
　家族がいて、友だちがいて、人の温かさとおいしい食べ物と、素晴らしい風景があって……。ソウルの魅力を話し出したらキリがない！　好きとかを通り越して、ソウルは私の心の拠り所なんです。

JAPAN

FAVORITE PLACE
📍 OKINAWA

**海を眺めながらの〜んびり♥
ココロもカラダも癒やされます**

　沖縄といえば、やっぱりキレイな青い海。海を眺めながらのんびりするだけで、ココロもカラダも癒やされてリフレッシュ。「さぁ、またがんばるぞ！」って元気をもらえる気がします。同じ日本でも東京とはまったく違って、なんだか不思議でスピリチュアルな感じがするのも、沖縄の魅力。あ、それからご飯もおいしいしね！

Chapter: 01

Jiyoung's London Style

LONDON

大好きなロンドン、自由の街ロンドン！

2014年4月、ロンドン初上陸！ 着いた翌朝、街を歩いてみると……。落ち着いた街並みや、道行く人たちのリラックスした感じにびっくり。そこには、アジアにない余裕…？ そんなムード漂う空間が広がっていて、もう「素晴らしい！」のひと言。ロンドンにひと目惚れした私です。

Jiyoung's London Style
01

WHY

DID JIYOUNG GO TO LONDON

?

私がロンドンに行ったワケ

　ロンドン行きを決めたのは、KARAを卒業する少し前。KARAを辞めてどうするかはまだ決めていなかったけど、すぐに仕事を始めるのは怖かった。その前に、どうしても自分の時間を持ちたいと思った。KARA時代は忙しくて旅行する時間もなかったから、ゆっくりと自由な時間を過ごしたい、って。
　ロンドンという場所を選んだのは、英語を習うためということがひとつ。それから、本場の舞台を観たいということもひとつ。私の中で、アメリカよりヨーロッパの歴史を感じるロンドン！　って気持ちが強かった。そして、一人っきりでロンドンへ──。

「地面のペンキさえ、なんだかカワイイ！」

Jiyoung's London Style
02

LONDON STREET

ロンドンのストリートが大好き！

ロンドンでは、ひとりでテクテクよく歩いたな……。建物、看板、ショウウインドウ、歩く人々……。目に飛び込んでくる何もかもが新鮮で、ワクワクしたけれど、実は私の心がいちばん躍ったのは、「誰も私を知らない」ってこと。「KARAのジヨンだ」なんて注目されることもなく、自由気ままに歩ける解放感といったら……！ もうっ、ロンドンストリート最高！！

About English

英語とわたし

ホームステイしたおうちでは
ちっちゃい子供と
お話しして練習したよ！

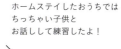

　ロンドンに行った目的のひとつが英語だったわけだから、もちろん（！）ちゃんと勉強しましたよ。「絶対に喋れるようになってやる！」って思ってたし。

　毎日、英会話教室のようなところに通っていました。でも、最初はぜんぜん……。ほとんど話すことができなくて、カフェで注文すらまともにできない……。そんな自分が恥ずかしくて、情けなくて、「努力が足りない！」と猛反省。

　現地に住んでいる韓国人の友だち相手に英語で話したり、言い回しなんかを教えてもらったりして、お店で試したり……。こうやって日々、積極的に口を動かすようにして過ごしていたら、本当にいつの間にか喋れるようになってたんです。やっぱり英語だらけの環境に身を置くってスゴイね！ヤッタ!!

Jiyoung's London Style
04

IMPRESSION IN LONDON

ロンドンって、どんな街？

　私のロンドンの第一印象は「素晴らしい！」だったけど、この印象は今でも全然変わりません。
　何が素晴らしいかって、その"余裕"。ロンドンには、ソウルにも東京にも、アジアのどこにもない"余裕"のオーラのようなものが感じられたんです。
　古くてどっしりした建物が堂々とそびえ立っていて、歴史を感じる街並み。公園なんかもすごーく広くてゆったりしていて、くつろげる。建物のすごさとか広さなどの物理的な面でも余裕を感じるんだけど、それだけじゃない。なんて言えばいいんだろう……。リラックスしているというか、ロンドンの人たちは、ゆったり流れる時間に身を任せているように見えて、これまたずーっと忙しくしてきた私にとっては驚き！　街並みによく似合う"余裕"が、心もほどいてくれて、本当に心地よい街だな、って思う。

Jiyoung's London Style
04
IMPRESSION IN LONDON

HELLO!

「なんでこんなに余裕があるんだろう」って思える街で暮らしてみて、「私って、本当に今まで忙しすぎたんだなあ」と初めて実感……。

　最初は、ある意味、カルチャーショックだったけど、そのうち馴染んできて、私自身ものんびり、ゆったり。それまでの慌ただしい日々が、遠い過去のことのように思えるようになっていった。人生で初めて、パアッと解放された気分を味わえた──。

自由にどこにでも
行けるって、
ス・テ・キ！

　物心ついてから初めて持てた"自分だけの時間"が、こんなに素敵なものだとは！　スケジュールに追われることなく過ごしていると、自分とちゃんと向き合えるんだな、ってわかった。そして道端の花がキレイとか、空が青いとか、それまでは忙しすぎて感じなかった、日常の小さなことにも目が向くようになる。そういうことってすっごく大事！　この感覚も、ロンドンでの生活が教えてくれたこと。そして、これからも忘れないでいたいと思う。

Grow up!　27

Jiyoung's London Style
05

LONDON CRUISING

ロンドンで
大好きだった場所たち

　ロンドンでは、"初めての経験"だらけ。例えば、気持ちよくてビックリしたのが、「公園でのお昼寝」。ソウルや東京では考えられないけど、ロンドンでは、たくさんの人が公園でお昼寝してる。休憩中のビジネスマンも、おじいちゃんも、デートしてるカップルたちも、みんなすごく気持ちよさそうで、私も思い切って試してみたら、本当にグッスリ……！　忘れられない新鮮な思い出です。

　それから、ブラブラショッピングで出会ったキッチュなお店たちや、レンタサイクルで街中を走るのも、ホームステイも初体験。ホームステイ先には、5歳のカワイイ女の子がいて、彼女と一緒にアニメを見て、英語のお勉強につきあってもらったな（笑）。

　ロンドンPUBも初体験。そこで初めて会った人と、「私は韓国人でね〜」なんて、ひとりの女の子として普通に会話を楽しめちゃった。みんな素のままの私を見てくれるのが、とっても嬉しかった！

　それから、フィッシュ＆チップスも初めて食べたけど、これがおいしいの！　それ以外にも、野菜もスイーツもおいしいし、ロンドンにはおいしいものがいっぱい。みんな、イギリスのご飯はマズいっていうけど、誤解しているんじゃないのかなぁ？

ロンドンっておいしい!?

ロンドンは特に野菜が新鮮で味も濃くて、ロンドンに行ったおかげで、野菜好きに。カフェにも野菜メニューが豊富なので、サラダやグリルなど毎日野菜メニューをたっぷり！

ロンドン名所めぐりも ハズしちゃダメですよ！

大英博物館、ロンドンブリッジにロンドンタワー……。名所は鉄板だけど、でもやっぱり行く価値あるって保証しちゃう！ 有名な街中の赤い電話ボックスも、かわいくて好き♥

ロンドンでは新たな自分を発見!! 実は今まで私、博物館には興味がなかったの。でも、せっかくだから一応、と大英博物館を訪れたら……！ 見るものすべてが興味深くてすっかりハマってしまい、朝から閉館までずーっと居てしまった……。ほかにもロンドン名所はぜ〜んぶ行きました。ミーハーかな？ でもいいの♥ 舞台の本場だから『THE LION KING』、『WICKED』など、見たかったミュージカルもたくさん観れて大満足！

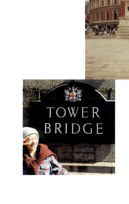

Grow up! 31

Jiyoung's London Style

06

CAMERA, CAMERA, CAMERA

カメラ、大好き！

　実は写真を撮るのが大好き！　今しかない、忘れたくない。そんなふうに思える光景に出会うと、カメラを持っていればカメラで、ないときはスマホでいつでもパシャリ。

　ロンドンは、目に映るものすべてが新鮮で興味深くて……。ロンドンは私にとってフォトジェニックすぎる街。「！」と思ったら、気持ちのままにシャッターを押していて、ものすごい枚数を撮っていたんじゃないかな（笑）。

太陽の光も空気も違うから、いつもと違う写真が撮れたよ！

Jiyoung's London Style
07

HOW DID YOU SAVE YOURSELF?

ひとりぼっちの外国の街で

　おもしろすぎて、楽しすぎて、ロンドンでの4か月間はアッ！　という間に過ぎていきました。
　というのは、ウソです、ごめんなさい。
　実は、1か月くらい経った頃、私、結構、弱ってました……。英語はあんまり喋れないし、友だちもほとんどいないし、家族は海の向こうだし……。「私、こんなところでひとりでいったい何やってるの!?」と思えて、かなりヘコんでいた時期がありました。
　家に電話して「帰りたい～っ」て泣いたこともありました。スカイプで話しながら家族の顔を見ていたら、涙が止まらなくなったことも。要するにホームシックだったわけですが、かなり重症だったかも（笑）。
　でも不思議なもので、少し経つとだんだん元気に。家族が励ましてくれたことや、英語が少しずつ話せるようになってきたこと、新しい友だちができたことも力づけてくれたのかも。それからは無敵！（笑）やっぱり、長く落ち込んでるのは苦手なタイプなんだね。

// LET'S GO!

Jiyoung's London Style
08
SUBWAY
どこにだって、自分で行ける！

ガイドブックを参考に「明日はここに行って、あそこに行って」と、翌日の計画を立てるのが、日課になっていた私。恥ずかしい話だけど、14歳から芸能界にいたせいもあって、こんなふうに自分自身でスケジュールを組むのは初めての体験。計画だけでも心躍ったけれど、実際に出かけるとなるともっとワクワクドキドキ。ロンドンでは移動に地下鉄を使うことが多かったけど、だいたい、地下鉄にひとりで乗るの自体初めての体験でウキウキだし、その地下鉄を乗り換えながら目的地に到着したときの充実感といったら！ たったこれだけのことが、こんなにも楽しいなんて。行きたいところに、いつでも行ける。ロンドン以来、自立心っていうの？ この意識が持てて、行動派になった気がするな。

今日はどこに行こうかな？

BYE-BYE
ロンドンに、さよなら

　ロンドンにBye-Byeするときは、すっごく悲しかった……。友だちがいっぱいできて、英語もうわーっと喋れるようになっていたときだったから。それに、次に来たときは、今回の初めての滞在で覚えたのと"同じ"感動はもう味わえないと思ったから。でもね、だからこそ、この思い出を大事にしよう、って。そして、今度は"違う自分"になってやって来よう！　って。

　いつかはわからないけど、もちろん、絶対にまた訪れるよ。だって、ロンドンは今でも、いつまでも大好きだから。

- COLUMN -
1

JIYOUNG'S
ネイル見せちゃいます！

服はシンプル系が好きだけど、ネイルや小物でインパクトを足して楽しんじゃう派。ソウルの大好きなネイリストさんのセンスが独特でカワイイ！　ソウルに行ったら試してみて！

ネイルは、定番で女子っぽいピンクとかは実はあんまり好きじゃないんです。思い切って全部モノトーンにしたり、10本とも違うカラーにしたり、いろいろ遊んじゃうのが好きです。その日の気分をネイルで表現するのが楽しいの。ソウルで塗ってもらって、特に楽しかったネイルをどーんと紹介します。
もしソウルに行く機会があったら、日本にはないユニークなネイル、体験してみてほしいな。

Nail

女の子っぽさに辛口スパイスも効かせたい！

セクシーなワインレッドは、シャープなラインで引き締めて

水玉＆ラメをミックス。赤〜ピンク系で色だけまとめると統一感アリ

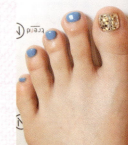

会う人みんなに見せたくなっちゃう！

日本ではなかなかないデザインだよね？ソウルでチャレンジしてみて

So cute!

1 黄色とオレンジのビタミンカラーで一日中元気！ 2 ラメ＆ラインストーンで大人っぽく 3 ゴールドのラメをポイント的に 4 ぜ〜んぶ色の違うラメで華やかに 5 ワザありフレンチ風 6 足もラメ多色使いで 7 親指だけゴールドにしておしゃれ感UP！

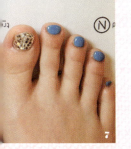

一枚一枚がアートみたい！ちょこちょこ眺めて一日中楽しめちゃう

Grow up! 43

in Seoul　　Walking with my friends

Chapter
02

Jiyoung's Seoul Style

SEOUL

大好きなソウル

大事な家族と友だちがいる特別な街。
眠らないエリアなんかもあって、とってもエキサイティングな街。
でも、温かい人たちがいて、ホッとする街——。
そんなソウルを私目線で紹介しちゃいます！
自分や家族や友人が撮ったプライベート写真満載です。
この写真もお姉ちゃんが撮ってくれました。上手でしょ？

in Seoul — Walking with my friends

東京と同じようにソウルは大都会。確かに、みんな忙しくてクールな一面もあるけど、それだけじゃないの。実はソウルは人がとても温かい街。みんな優しくて人情味にあふれてる……。もし行くことがあれば、見かけだけじゃなく、そんなソウルを感じてほしいな。

大都会・ソウルだけど、探すと三清洞(サムチョンドン)などには韓屋（韓国伝統の建築様式で造った家、写真左上や写真下など）も残ってるんですよ。韓屋を改造したお茶屋さんなどで、ほっこり伝統茶を飲んだりもいいかも？ ブラブラ歩いて、韓国らしい建物や場所も見つけてみて。

in Seoul
Walking with my friends

知英自身＆友だち＆家族で撮ってきたよ！
私のソウル、見せちゃいます

ソウルに帰ってくると嬉しくて、眠る間も惜しんでずーっと寝ずに友だちと遊んじゃうことも（笑）。「眠らない街」とも言われ、夜もにぎやか！ブラブラ歩くだけでも、面白い場所をいくらでも発見できちゃうんです。

1〜5、14、15 梨花洞(イファドン)では、「路上美術館」といって、数多くのアート作品を街中に展示されていて見ることができます。歩いてるだけでアート鑑賞できちゃうなんてステキでしょ？ 記念写真にもバッチリ！ 6〜12、16 よくお邪魔している、お気に入りのセレクトショップ。カフェも併設しているので、ショッピングの後まったりもできてお気に入り♥ 13 ソウルは夜もにぎやかで、女の子でもあんまり心配ないよ。

Grow up! 49

in Seoul *Walking with my friends*

韓国料理は私のパワーの源。
お母さんの料理が世界で一番おいしい！

東京にいてもロンドンにいても、やっぱりいつでもどこでも韓国料理が食べたくなる私。それだけ韓国料理っておいしいと思うの。ソウルの街には、そんな美味がギュギュ〜と詰まっているから、食べなきゃソンだよ！

1〜3、5、6、10 知英のお母さんの手料理。やっぱり私にとって一番の味。海苔巻きもお母さんの手作りがNo.1！！ 6の後ろに写ってるワンちゃんは我が家の愛犬「ホンスン」です。 7、9、15 お気に入りの冷麺屋さん。ソウルで本物を食べてみてほしい！ 8 小学3年生からの悪友のジニちゃんと。 12、13 しゃぶしゃぶ鍋は、野菜やキノコがた〜っぷり！ピリ辛でたくさん食べてもヘルシーなのが嬉しい！ 11、14 ソウルはスイーツもおいしいんだよ！

in Seoul — **Walking with my friends**

ソウルを流れる漢江（ハンガン）エリアは
ソウルの美しさを感じさせてくれます

ソウルの中央には漢江（ハンガン）という大きな川が横切っています。ソウルの魅力は？　と聞かれたら、私ならその漢江を真っ先に挙げる！川に架かった橋の上からソウルの街を眺めるとなんだかホッとするの。

1〜3 漢江の上には高速道路が走ってて、車からも景色が楽しめます。川が増水すると、下の道路が水に沈んじゃったりするのも面白い名物。**4** 漢江エリアには、素敵なカフェやレストラン、バーなどがたくさん集まってるので、何軒かハシゴして楽しんでみたらどうかな？ **5〜8** 漢江沿いの公園でまったりするのが大好き！ ここから見るソウルの夜景はロマンチックで、ホントうっとりです……。漢江に架かる橋のいくつかは、夜になるとライトアップされて、とってもキレイ！

Grow up! 53

in Seoul

Walking with my friends

特別蔵出し大公開！ ヘン（˘◇˘）ありの、
自撮りオモシロ写真たち

ソウルのほかにも、アメリカや日本の田舎など、いろんなところにも行きました。そんなときにも自分で撮りためてたオモシロ写真をお見せしちゃいます。ヘンな顔やポーズもあるけど、笑って許してね！

1、3、9 一人で東京の街にも。私ったらヘンなポーズだよね（笑）!?　2、13 韓国ではリラックスしちゃう。4 原宿も楽しい！　5 ヴェニスビーチへ。6、7 葉山もとってもステキ！8、10、12、14、15 アメリカでハジけてます。11 日本で乗馬にもチャレンジ！でも一度落馬しちゃって、すごーく怖かった……。16 ロンドンのホームステイ先の子供、天使みたいでしょ？　17 日本でのランチは野菜中心です。　18 被り物も似合う？

Grow up! 55

in Seoul 　　*Walking with my friends*

Secret Talk

大好きなソウルと、

家族と離れて……

　お正月、久しぶりにソウルに帰りました。しばらく滞在して帰京するとき、家族と離れるのがツラくて、東京に戻ってからも、当分の間、ホームシックで落ち込む日々が続いていたほど……。
　でも、今はもう大丈夫！　私は少しだけ強くなりました。
　離れていても家族は家族。私をいつも気遣ってくれるお父さん、お母さん、そして二人のお姉さん。この人たちが見守ってくれているからこそ、今、こうして日本で女優としてがんばれると思えるようになった。でも、ときには「お母さーん」って泣きごと言うかもだけど、そんな自分も許すとしましょうよ（笑）。

- COLUMN - 2

猫ライフ、始めました

ご主人様を
よろしくね！

最近、私の部屋に猫がやって来ました。忙しすぎて気持ちが荒れているときでも、この子の顔を見るだけでほっこり！実家では犬を3匹飼っていて犬派だと思っていた私がなんでかな。スコティッシュフォールドの♂、名前は「レオン」。2月10日生まれのやんちゃ盛りです。

めっちゃやんちゃだけど、シャンプーのときはおとなしくしているレオン。だからシャンプーは週1回。とっても清潔な美男子ナノダ!!

Meou!

ほら、レオンはちゃんとカメラ目線ができるんですよ。すごいでしょ（親バカ……）。このつぶらな瞳に、私、やられてます

レオンがやって来てから、どこにいても私は早く家に帰りたくてたまりません。それほど、この子にメロメロで……。

抱っこしようとしたらダーッと逃げちゃうくせに、こっちが素知らぬふりすると、「何してるの？」って、ずっと私を見つめてて、「遊んで」と言わんばかりに、テケテケテケとそばにやって来る。くぅ〜、もうカワイすぎるっ!!

そんなレオンに、最近、「お座り」を教えています。犬じゃあるまいし、と思います？　いえ、いえ、これがけっこうでき始めてきたんですよ。

さすが、私の子！（笑）

猫なのに、なんとお風呂も大好きで、毎週のんびり入ってるんですよ。キレイ好きのイケてるニャンなのですョ。

見て、この愛らしさ。いつもこうして、私はレオンに癒やされています

ボクに惚れるニャよ！

Chapter : 03

Jiyoung's
Okinawa

OKINAWA

思い出の沖縄のこと

初めて沖縄に来たのは、デビューしてすぐの頃。
日本のことはもちろん、世の中のこともまだよく知らない、
たった14歳のときでした。あれから7年、私は再び沖縄へ。
青い海に囲まれ、今もやっぱり美しい沖縄は、
大人になった私を、昔と同じように温かく受け入れてくれました——。

Jiyoung's Okinawa

LET'S GO!

5年ぶりに、思い出の詰まった沖縄へ

　KARA時代、スタイルブックの撮影で初めて沖縄を訪れました。そのときの印象は「すべてが不思議」。韓国の済州島みたいなところだと聞いていたけれど、少し感じが違ったし、同じ日本とはいえ、東京とも異なる雰囲気……。エキゾチック、というのかな。とにかく「不思議」で、私は、この地が大好きになりました。

　そのあともう一度だけKARA時代にライブで訪れて、今回は5年ぶりの訪問。

　沖縄は以前のまま？　大人になった私を受け入れてくれる？　少しだけ緊張しながら降り立った私が感じたのは、昔通りの沖縄。豊かな自然と青い海、そして、不思議な空気感……。懐かしい空気に包み込まれ、思わず私はつぶやいていた。「ただいま」って。

チェックインだって今では自分でやっちゃいます！

Let's Go!

沖縄の緑って、すごく濃い！ そしてスピリチュアルな気配に満ちている

細い小道の先には洞窟があったりして、小さな冒険がいっぱい！

沖縄の木って不思議なパワーを感じる！

スピリチュアルな気持ちになれる
海と、風と、小さな岬にたたずんだ

海風が吹く小さな岬は、
昔から人々が神聖な場所
として祀ってきた場所。
不思議な力強さに満ちた
場所でした

Don't lose!

14歳のときと違うのは、お酒だって飲めるようになったし夜の楽しみ方だって知ったことかな。ビリヤードやダーツ、友だちと飲む夕方のカクテルも、今なら楽しめちゃう！せっかく大人になったんだもの、夜の沖縄も今回はゆっくり楽しんじゃいました。

Good Morning!

今回のお部屋は、18歳以上の大人しか入れない、プライベート感を大事にしたエリアにあります。前回は子供で入れなかったそんなエリアで、静かな空気を存分に楽しめる。こんなところも、大人になってよかったな、って思うところ。

空気が優しい沖縄で、静けさを楽しんでる……。
やっぱりちょっぴり大人になったかなって思う

沖縄そばのおいしさに開眼！
日本の味、どんどん好きになるみたい

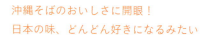

前に来たときには、そんなに好きじゃなかった沖縄そばも、今回はすっごくおいしい！って感動。少しずつ日本の味に馴染んできたからなのかな。ギター好きとしては、沖縄の楽器・三線にも興味津々！前回よりもっといろんなことに興味が持てるのも、嬉しい。

沖縄の海を見て思うこと
あのときのわたしと今のわたし

　初めて沖縄に来たときの私と今の私。何が違うかって、まず全然違うのは日本語の能力！　当時は、日本語なんてまったくわからなかったけど、今では、普通に喋れて読み書きもできる。これは格段の進歩です！（笑）

　それから物理的に年を取っていることも確か。できることも増えたし、そういう意味では「大人になった」と言えるけど、中身はどうなんだろう……（笑）。どこか違っているのは確かだと思うけど、うまく説明できない自分がいます。

　でも沖縄が好き！　っていう気持ちは同じだし、この地で心からリラックスできる感じも、あのときのまんま。だから今回、沖縄で撮った写真の私は素の表情です。心の底から癒やされていたんだと思う。そういう部分は、ずっと変わらず守り続けていきたいな。

歩いていると、小道の先に急に海が開けたり、小さな洞窟が出現したり。小さな散歩にもワクワクできるところも、沖縄っていいな。

わたしだけの秘密基地を
いっぱい見つけた！

一人で過ごせる時間も
ホントは大好きだって
最近わかった

sleepy…

沖縄のフルーツもおいしい！そして、とってもカラフル！おっきなパフェや、南国らしいカラフルな鳥に囲まれたら、こんなときには14歳に戻っちゃう!?　今でも変わらないところもいっぱいあるんだな。

Jiyoung's Okinawa

Secret Talk...

初めて日本を知った
沖縄で感じた、
今のわたしと日本

　日本で女優として活動を始めてから、東京に住んでもうじき1年になります。ミュージシャン時代にも東京に滞在する機会が多かったとはいえ、住むのは初めてのこと。最初は、異国にひとりで大丈夫？　なんて思ってたけど、自分でも不思議なくらい、今では、すっかり東京に馴染んでいます。
　昔は沖縄や東京に来ると「今しかない！」って、あそこでこれ買って、あそこでこれを見て、写真もいっぱい撮らなきゃ！　と、ワクワクドキドキ、大忙しの毎日だった。でも、今は、もっとゆったり。日本語で言うと「地に足がついてきた」っていうの？　「暮らしてる」って感じで落ち着いています。キレイでお天気のいい東京も大好きな街。私の第二のホームタウンです。

Grow up!
……したのかな？

　沖縄に初めて行った14歳のときは、ずっと晴れててキラキラしてたことを覚えてる。そのときと比べて、成長したのかな……？　って考えると、自分でハッキリとはわからない。でも、責任感を強く感じるようになったのは、ハッキリ変わったことだと思う。前来たときは中学生だったし、その日その日のことしか考えてなかった。だけど今は、次の日のことを考えて行動するようになったと思う。そして何年か先にはこうなってたいなとか、未来にこういう風にしていたい、っ

て先のことをもっと考えるようになった。だからこそ、自然と自分の体や気持ちの管理もできるようになってきたんじゃないかな、と思う。だから、今回の沖縄ではちゃっかり楽しみながらも、ちゃんと次の撮影のことも考えて過ごせたのは、前回と違うところ。そして、今回沖縄でとてもリラックスできたので、すごく自然な素の顔を見せられたんじゃないかなって。これからもいろんなお仕事に責任感も持ってやり続けていって、なりたい自分に近づいていけたらいいなと思う。

- COLUMN -
3

\\ 私の♥な //
MUSIC&DRAMAS

音楽は、私の生活になくてはならないもの。
移動中もずっと聞いてますが、いつも元気をくれる曲たちを厳選。
そして今の私に影響を与えたり、感動をくれたドラマもご紹介！

Drama

・知英オススメ・

実は深い！是非もう一度
見直してほしい名作

「くまのプーさん」

1968年にはアカデミー賞最優秀短編アニメ映画賞も受賞した名作。子供の頃見ていた知英が、大人になって見返してみたらら、優しい名言の数々に感動！

「Mr. & Mrs. Smith」
知英が大好きなアンジェリーナ・ジョリーとブラッド・ピットが初共演したアクション。

「ティファニーで朝食を」
「こういう女性になりたい！ って何度見ても思う」と知英の中では永遠の名作のひとつ。

「鍵泥棒のメソッド」
香川照之さんの演技が素敵で何度も繰り返し見た。3,800円／KADOKAWAメディアファクトリー
(C)2012『鍵泥棒のメソッド』製作委員会

「モテキ」
一人カラオケとか日本ぽい文化が面白かった！DVD通常盤3,800円／発売元／テレビ東京・電通、販売元／東宝

「毎日幸せじゃないけど、幸せなことって、毎日あるよね」

「川はよくわかってるなあ。急がなくてもいつかは着くって」

「ピグレット、愛ってどうやって書くの？ 書くんじゃなくて、感じるんだよ」

・知英セレクト・

プーさんの名言

「今日は何曜日？ 僕が一番好きな日だよ」

「これだけは約束して。あなたは自分で思うよりも、もっとずっと強くて賢いんだってわかって」

「嫌われ松子の一生」
中谷美紀さんの演技が好き！ 4,104円／アミューズソフト
(C)2006『嫌われ松子の一生』製作委員会

Music

Carpenters
「Close to You」

1970年にカーペンターズ初の全米1位となった名盤。「いつ聞いても、変わらず素晴らしいと思う」

Justin Biever
「Journals」

多彩なゲストを迎えたお楽しみがいっぱいのアルバム。3,200円 (iTunes他) ／ユニバーサル ミュージック

Bruno Mars
「Doo-Wops & Hooligans」

全米1位のヒット曲も多々持つ稀代のメロディメーカー。1,886円／ワーナーミュージック・ジャパン

サウンドトラック
「August Rush」

マンハッタンを舞台にした映画のサントラ盤。感動の内容を盛り上げるさまざまなジャンルの曲が詰まっている。

YUI
「CANT BUY MY LOVE」

YUIのセカンドアルバム。「これを歌いたくてギターを始めた」。2,913円／ソニー・ミュージック

Tuxedo
「Tuxedo」

現代版ディスコ・ブギー・R&Bアルバムとすでに傑作との声も高い。2015年注目度の高いアルバム。輸入盤のみ

BIGBANG
「ALIVE」

韓国はもちろん、全世界を熱狂させる、アジアが誇る5人組モンスターグループ。2,800円／YGEX

サウンドトラック
「Fifty Shades of Grey」

2015年公開のアメリカ映画のサントラ。ビヨンセやシナトラの曲も。2,646円／ユニバーサル ミュージック

Dynamic Duo
「Digilog 2/2」

韓国で絶大な人気を誇るヒップホップデュオ。「ヒップホップ大好き！車の中でもずっと聞いてる一枚です」

Big Sean
「Dark Sky Paradise」

アメリカの超人気ラッパー。2015年2月リリースのサードアルバム。1,600円（iTunes他）

サウンドトラック
「Begin Again」

2015年公開の映画のサントラ。音楽を愛する者たちを描いたヒット作。2,646円／ユニバーサル ミュージック

Chapter
04

Jiyoung's Fashion Style

FASHION

わたしらしさとファッションのこと

黒や白のストイックなカラーが好き。おおげさで派手な柄や、
アクセサリーはまとわない。シンプルでラインの
キレイな服に、小物でどこかに私らしさを、
ピリッと効かせる。それが、知英流おしゃれの基本です。

Point 1

黒は大好きカラー！
素材感をMIXするコーデに
アクセでインパクトを

黒のブルゾン×黒のスカートと、全身黒で大人っぽくまとめるのも好きなスタイリング。こんなときは重くなりすぎないように、ブルゾンでも透け感のあるものを選んで、素材感の違うもの同士を組み合わせると、立体感のある着こなしに。黒だけでまとめたからこそ、イヤーカフスの存在感がピリッと効いて、印象的に見えると思う。

Point 2

さらりとはおりたい
夏のワンピには、
ゴツめサンダルが知英流！

Point 3

帽子も大ヘビーユース
アイテムのひとつ。
基本の白ブラウスにも
小物で私らしい
表情をプラス

Point 4

デニムだ〜い好き！
ついつい買っちゃうアイテムです。
今年はデニムonデニムもどう？

Favorite Item : 1

Sun Glasses

**サングラスはいっぱい持ってます！
着こなしの大事なアクセントに**

サングラスはひとつでムードが一
変するから便利！ 持ち歩きます

Favorite Item : 2

Pierced Earrings

**ピアスは小ぶりなものが好き。
甘すぎないデザインを**

アクセばかりが目立っちゃわない
ように、華奢なものを中心に

Favorite Item : 3

Rings

**細めの繊細なリングの
重ねづけにハマってます！**

華奢で細身のリングを、いろんな
色とデザインで集めてます！

Favorite Item : 4

Bracelets

**ちょっぴりハードなもので
辛口アクセントを**

レザーのブレスは、着こなしを引
き締めたいときに愛用中です

Grow up! 93

JIYOUNG'S FAVORITE ITEMS

小物は毎日大活躍！私のお気に入り公開しちゃいます！

シャネルのバレエシューズは上品な装いに。ヒールにパール付き

Dr. Martensの厚底シューズはしっかり歩きやすい優れものです

大好きなカイキキ×VANSのコラボもの。3足買っちゃった！

バレンシアガのサンダルは、スタッズが着こなしを引き締めます

シャネルのシルバーのスニーカーは5cmの超厚底！ 大活躍です

知英の基本カラー黒＆白でかつハイカットは、私の定番的存在

ハイカットのスニーカー、大好き。この赤は履き心地抜群です

カイキキ×VANSのコラボ2足目はイエロー系のスカル柄

VANSのスニーカーもつい集まっちゃうの。いろんな色を楽しんで

ショートブーツは冬だけでなく春先にも着まわせるので便利！

英国王室御用達のHUNTERのレインブーツはやめられない！

プラダのスリッポンとエナメルスニーカーは大人カジュアルに

SHOES

靴は大好きで、紹介した以外にもいーっぱい！ 持ってます。
普段はパンツが多いので、スニーカーは特に多いかも？
スタッズ付きなどインパクトのある靴は、着こなしのポイントに。

アディダスのガッツレーは、細身で女子にも履きこなしやすいです

ゴツめのハイカットスニーカーは必需品。ショーパンにピッタリ！

キルティング加工のブーツは、着回し力が高い万能選手なんです！

カイキキ×VANSコラボ3足目はパープル系。サイケ＆キュート！

ジェレミー・スコット×アディダスのスニーカーはインパクト大！

レペットのシューズも信頼してます。エナメルやバレエシューズも

大好きブランドsacai×ナイキのコラボシューズも宝物かな

厚底のスリッポン。アニマル柄は着こなしのアクセントに◎！

ナイキのエア・ジョーダンシリーズは大好き！短パンなどに

ピエール・アルディのスニーカーは何にでも合わせやすい優れもの

アディダスのスタンスミスは永遠の定番。面白い色も買っちゃう！

Jiyoung's Closet

BAGS

最近ゲットしたものを中心に、よく登場する愛用の子たちです。ルックスのひと目惚れで買っちゃうことが多いので、あんまり考えすぎずに買うけど、やっぱり黒が多いよね！（笑）

気軽なお出かけに。和柄っぽいけど実はイタリア製の個性派です♥

Proenza Schoulerのバッグは、使うたびに柔らかく馴染みます

念願のシャネルのバッグ！ どんな着こなしにも合う優れものです

イヴ・サンローランのバッグは、きちんと見せたいとき重宝します

セリーヌのバッグは、かなり収納力があるのでお仕事にも大活躍！

トレーニングに行くときなどには、手触り重視のデカバッグを

プラダのスタッズ付きショルダーバッグは着こなしのアクセントに

友だちのプレゼント！インパクトのある個性派も実は大好き！

シャネルのトートバッグは、カジュアルな着こなしもランクUP！

ジバンシィのレザーバッグで、カジュアルスタイルも大人っぽく

SUNGRASSES

サングラスは大好きでつい集めちゃう。グラスが大きめのほうが似合うんだけど、必ず試着してから買うのがポイント！ クセのあるものやシンプルなのも、たくさん欲しいな

Jiyoung's Closet

イタリア製のレイバンは真っ赤なフレームにひと目惚れ♥

DEREK LAMのサングラスはシンプルな服のポイントにピッタリ

LINDA FARROWのもの。ブルーのヘビ革のブリッジがクール！

べっ甲のフレームが上品なWILDFOXのサングラスは大人っぽく

クリアなフレームは夏によく登場するDURAS ambientのもの

ヘビーユースする黒フレームは、試着して一番似合うものを探して

自分は自分だから、
特に『こういう人になりたい』
というイメージはないな

自分に対して
負けず嫌い

同じところでぐるぐる
悩んでるのは好きじゃない

- COLUMN -
4

いろいろ
話しちゃった！

知英語録 ♥

今までのラジオ番組やインタビューで話した中から、
知英らしい、って思う言葉を集めてみました。
私らしい感じ方、考え方も知ってもらえたら嬉しいな。

大きな壁を乗り越えたら、
自分に返ってくるものも
大きいと思うから……

とにかく、ひとつの枠に
とらわれない女優になりたい

まわりの人のことを考えられる人が
ステキだと思う。自分のことしか
考えられないのって、ダメでしょ？

自分で決めたら、
あとは行動
あるのみ！

運動して、
おいしいものを食べて、
たくさん寝るのがいちばん！

JIYOUNG'S DIARY

지금까지 살아오면서 칭찬받는 것에 익숙했다.
늘 몇 달 동안 열심히 연습한 대사를 많은 사람들한테
칭찬 받는 순간 노력하면 알아준다는 말, 본은만큼
돌려준다는 말의 중요성을...
지금까지 노력해온 일 년이 얼마나 소중한 시간이었고,
의미가 있었는지 지금까지 잘 헤쳐나가고 있다는걸 느낀
오늘 나는 정말 행복하다.
앞으로도 나는 노력하고 또 노력할거다.
그게 혹시나 틀린 길일지라도 나는 끝까지 부딪쳐 볼거다.
자신만이 잘났다고 자만하고 교만하는 사람들은
지금이라도 깨달았으면 한다.
노력한다는 게 얼마나 아름다운 것인지.
노력한다고 항상 성공할순 없지만
성공한 사람은 모두 노력 했다는걸...

힘내 강지영!!
2015년 어느날..

〈日本語訳〉

今まで生きてきて褒められることに慣れていた。
でも、今日何か月間もかけて練習してきたセリフを
皆に褒められた瞬間に気がついた。
努力すれば分かってもらえるということ、努力した分結果が
出ることの重要性を……。
今まで努力してきた1年間がどれだけ大切な時間だったのか、
意味があったのか。
今まで頑張ってきたなと感じた今日、私は本当に幸せだ。
これからも私は努力し続ける。
それが正しい道だと信じて最後までぶつかってみる。
努力もしないでプライドだけ高い人たちには、今からでも気づいてほしい。
努力することがどれだけ美しいか。努力したっていつも成功するとは
限らないけれど
成功している人は、みんな努力したんだということを…。

頑張れ カンジヨン!!

2015年 某日

Do my best!

Chapter: 05

Jiyoung's Beauty Style

BEAUTY

知英のキレイのヒミツ、
こっそり教えます

白くてツヤがあってしっとりしてるねと、お肌はよく褒められます。
でも、やっぱり多忙な毎日だと、ニキビができることだってありますヨ。
普段はノーメイクが多い私だけど、毎日のお手入れをご紹介します。
忙しい女子の参考にもなるかな？

POINT:
1 *Skin Care*

私のお気に入り大公開！

MOISTURE

敏感肌でもOKのドクターズコスメで疲れた肌も優しくガード

自然派化粧品に優秀なものが多いドイツの皮膚科が作ったドクターズコスメ「Physiogel」。香料、防腐剤、色素などはオールフリーで、敏感肌にもOK。このクリームがすごく優秀で長年のお気に入り！　通販サイトなどで購入が可能です。

Physiogel　クリーム　75ml　並行輸入品のみ

CLEANSING

クレンジングはマメに行うべし！しっかりきちんと落とすのが大切

知英は仕事が終了した瞬間に、すぐにメイクを落とします。肌のためには、クレンジングこそ命！　このクレンジングオイルは長年信用してます。厳選した8つの植物由来オイルとセラミドを配合。カシミアのようなテクスチャーにウットリ。ビオテルムも愛用です。

アルティム 8 スブリム ビューティ クレンジング オイル　150ml　4,200円／シュウ ウエムラ　☎03-6911-8560　ビオテルム H₂O　並行輸入品のみ

EYE CARE

アイクリームは毎晩必須！目の疲れもケアしてあげて

アイクリームは、特に銘柄は決めてませんが、毎日必ずしっかり塗り込んでいます。今は、気になるものをいろいろ使ってみるのが楽しいの。お疲れ気味のときは、蒸気の出るタイプのアイマスクを付けて眠ると、ぐっすり眠れて目の疲れも取れるのでオススメ！

シアで保湿。ロクシタン シア リッチボディローション250ml 3,600円／ロクシタンジャポン ☎0570-66-6940　新発売のアフリカン ソフトニングボディスクラブ 350ml　4,500円、知英好みの甘い香り。モリンガ　ボディスクラブ 200ml 1,800円／ザ・ボディショップ　☎03-5215-6160

UV CARE

belif UVプロテクター マルチサンクリーム 30ml　輸入品のみ

紫外線こそ老化の大敵！UVケアは美容の基本のキ

韓国の女の子は、皆UVケアには気を遣います。私も、毎日首までしっかりUVケアクリームは塗りますね。belifはイギリスのハーブ専門家による伝統的調剤法を150年も継承したハーブコスメブランド。毎日使うものだから、肌に安心なものを選びたいよね。

BODY CARE

スクラブは週に1回。ボディの保湿も忘れずに

ボディは、週に1回くらい、全身スクラブで新陳代謝をUP！　ザ・ボディショップの甘い香りのものが好きなので、その季節の新作をいろいろ香りでセレクトするのが好き！　ロクシタンのローションも、甘い香りとしっとり使用感が好きで、長年愛用しています。

Grow up!

POINT: 2 WORK OUT

加圧のパーソナルトレーニングで体があきらかに変わっちゃった!?

自分に合う先生に出会ってから、加圧トレーニングにハマってます！体があきらかに変わって、筋肉がついてダンスやアクションの練習でも動きにキレも出てきた気がします。血流が良くなったのか、目のクマもとれて肌も白くなった気がします。筋肉って大事なんだね！

加圧ジムCIRCULER（女性専用）
東京都中央区銀座5-12-13 銀座伊藤ビル2F
☎03-6226-3990 10:00〜20:00

POINT: 3 Special

［水素ケア］

たまのスペシャルケアに、サロンでの水素パックも

たまのスペシャルケアは最新入浴剤＆サロンケアで

疲れがたまったときにはスペシャルケアをしてあげることも大事。サロンでケアしてもらうほかに、最近気に入ってるのが「水素スパ」。お風呂に入れるだけで高濃度の水素が肌や髪に溶け込んで、ケアする入浴剤です。エラスティーク40g 540円／（株）ボンズ ☎0120-234-302

Nishikura銀座サロン

西倉式美容整体とエステメニューを組み合わせた新感覚の隠れ家サロン。東京都中央区築地 ☎0120-234-302 10:00〜20:00 不定休 知英の受けているコースは80分 31,500円

POINT: 4 Hair

モロッカンオイルトリートメント 100ml 4,280円／モロッカンオイル・ジャパン ☎0120-440-237

モロッカンオイルが救世主！とにかく毎日ヘアオイル

髪の毛は、お仕事でもいろいろいじるから、傷みとの戦いです！ 知英がずっと信用してるのは、モロッカンオイル。たっぷり4プッシュくらいを、シャンプーの後、乾かす前によくもみこみます。そのままドライヤーで乾かせば、全然ベタつかないですヨ。オイルは乾かす前に塗るのがポイント！

POINT: 5 *Drink*

お水はいっぱい飲むよ〜！

とにかく気を付けているのは、お水をたくさん飲むこと。そうしたら肌もしっとりしてきたし、新陳代謝もあがってむくみもスッキリした気がする。肌も体も、水分でできてるんだもんね！　味が好きなエビアンを、1日1.5ℓ以上は飲んでるかな。

クレンズジュースでデトックスも！

食べすぎなどで胃腸が疲れたな……なんてときは、クレンズジュースやスムージーを食事代わりにして、胃腸を休めます。酵素や栄養もたっぷりとれるし、何よりおいしい！　@表参道のお気に入りカフェで。

スムージー緑には活性酸素の働きを抑えるホウレン草、ミントなど、スムージー赤には疲労回復に効くチンゲン菜、ビーツなどが

カフェ・ルポミエ

美味しさとともに美と健康を追求するカフェ。サンドイッチ、スムージー、絞りたてのジュースなどのメニューが。クレンズジュースも。東京都渋谷区神宮前5-8-2 2F
☎03-6427-9191　11:00〜20:00（LO19:30）

Beauty

POINT: 6 EAT

しっかり食べるけど、野菜多めでちょっぴり工夫！

知英は、食べるの大好き！　食事はしっかりいただきます。ビタミン・ミネラルのサプリも飲まないと離れてるお母さんにわざわざ怒られるくらい、栄養にはうるさい家族です。だから我慢しすぎるとストレスになるし、食べちゃって運動する！　って決めてます。でもご飯は玄米にする、食事は食べる前にまずお水をコップ1杯飲んでからにするなど、食べすぎ防止は心がけてます。野菜から食べ始めるのも効果的ですョ。ナチュラルハウスの有機野菜のデリも、便利でおいしいからよく食べてます！

Jiyoung's Growing Up

INTERVIEW

知英の今、そしてこれから

「女優」という新しい道を歩み始めた知英。
歌にすべてを捧げた6年を終え、これからの未来に向かって、
大きく羽ばたいていこうと奮闘中！　今、どんなことを思い、
そして、どんな自分になりたいのか？　ホンネをここで話します。

私、「知英」として、女優の道を歩き始めました。
　KARAを卒業して女優に転向したのは、ミュージシャン時代に日本のドラマに出させてもらったことが大きいと思います。初めて「演じる」ことを体験してみて、お芝居が好きになったんです。
　なぜ好きになったか？
　うーん、それは、セリフを覚えて、自分で表現することのおもしろさに目覚めたというか……。自分じゃない自分になれるところにも惹かれたのかな。そして、そのとき思ったの。「いつか私も女優になれたらいいな」って。
　そうやって温めていた夢が、今の事務所の社長と出会ったことで、2014年8月、本当のことになりました。心機一転、名前を「ジヨン」から本名の「知英」に変えて本格的に女優として新しいスタートを切ることになったのです。
　名前を変えたのは、日本で女優活動を始めるということで、本名の漢字の「知英」のほうが日本の皆さんに馴染みやすいのではないのかな、と考えたことがひとつ。
　それから、本当は違うのに、カタカナで書くと「ジヨン」と同じになる韓国の名前が結構多くて紛らわしいと思ったこともひとつ。
　でも、やっぱり、それより何より、新しい私をみなさんに受け止めてもらいたかったというのが、名前を「知英」に変えた一番の理由。新しく生まれ変わりたいという気持ちが強かったんです！
　ただ、そうは言っても、「元KARAのジヨン」も、私にとっては今でも大事な存在ですよ。KARAには本当に感謝しているし、そこで活動した6年は、大切な宝物です。
　だから、今でも「KARAのジヨンだね」って言われるのは、イヤじゃない。6年も活動していたんだから、そう言われるのは当たり前のことだとも思うし……。
　女優・知英として出発した限り、今の私を見てもらうためには私次第だと思ってる。女優としてがんばらなきゃ！　って決意を新たにしています。

KARA時代は本当に忙しくて、毎日が慌ただしく過ぎていきました。
　女優として再出発したとき、さすがにあの忙しさは当分ないだろうと思っていたら、甘かった（笑）。違う忙しさが私を襲ったのです！
　冷静に考えると、物理的には以前に比べるとぜんぜん忙しくはないんですよ。でも、自分的にはバッタバタの忙しさ。どうしてなの？　と思ったら、グループからひとりになったからだったんですね。

　やるべきことが、5分の1から1分の1になっちゃった。例えば、インタビューにしても、前は他のメンバーが喋っているときは、自分は休んでいられたんですよ、ちょっとボーッとしたりなんかして（笑）。でも、ひとりだとそうはいかない。みんなが私を見ているし、私がずっと話さなきゃいけない。責任も5分の1から1分の1へと大きくなってしまいました……。
　そんなこんなで、グループでの活動に慣れていた私は、ひとりになって精神的に忙しすぎて、キーッ！　となりそうなこともありました。いや、実際、ひとりになったとき、「キーッ！」って言ってました（笑）。「もうソウルに帰りたい〜」なんて泣き言も言ったりして……。
　でも、今は大丈夫です。
　相変わらず忙しく感じるのは変わらないけど、家に帰れば、私を癒やしてくれる相手がいますから♡　そう、レオンちゃんです。

　ひとりでロンドンに行って、成長したのでは？　と聞かれることが、よくあります。でも、ロンドンは、私を成長させてくれたというより、私に充電をしてくれた場所。ロンドンでは、背中にコンセントを差してしっかりエネルギーをチャージできました。
　自分が成長したな、と感じるのは、日本に住んで女優の仕事を始めてから。
　「大人になった」というのとは、ちょっと違うかな。周囲の人は、私のことを「しっかりしている」とか言ってくれるけど、まだまだ私は自分が大人だとは思えないし、だからと言って、「早く大人にならなきゃ！」なんていう焦りもありません。
　いつか自然に大人になれればいいなと思

INTERVIEW

ってる。だから、今は、今の自分を楽しんでるって感じかな。

　大人になったというわけじゃないけど、自分が成長したと思う点は、仕事に対して、前よりも責任を感じるようになったところ。それから、以前は、本当に目の前のこと、明日のことしか考えていないようなところがあったけど、今は、未来のことを考えるようになったこと。

　スタッフさんにもよく言われるけど、1年前の私と今の私は、どうやらまったく違っているらしいです。顔つきも変わっているんじゃないのかな。

　今の自分ですか？　うん、悪くない。好きですよ（笑）。

　東京での生活にも慣れてきました。

　ソウルと東京、近いとはいえ、東京は私にとってやっぱり異国。そこでひとりで暮らしていくなんて……。

　ソウルの友だちなんかは、「よく暮らせるね、私だったらムリだよ」と言います。私も、実際に東京に住む前はそう思ってた。よほ

INTERVIEW

ど精神力が強くなきゃ、東京でひとり暮らしなんかできないな、って。

でも、今、こうしてひとりで東京に住んでいる自分がいる……。自分でも、そんな自分が不思議。人間、なんでもやってみれば、意外と平気なのかもしれないです。今では、「私はひとりで東京でなんか暮らせない」って言う友だちに言ってます。「大丈夫、絶対住めるよ」って。

これも成長!?（笑）

14歳から20歳前までの約6年間、私にとって歌がすべてでした。でも、そんな私に"お芝居"という新しいものが入ってきて、「おもしろい！」と感じています。

日本語という異国の言葉で演じるのは、難しい部分もあるけれど、今は表現することが楽しくてしかたないんです。

ただ、「私、女優です。お芝居やってます」と、人前で言うことに、恥ずかしさを覚える自分もいます。まだまだ経験が足りないし。

知英、女優としては発展途上。これから、ですね。

がんばるしかない!!

目指しているのは、カッコイイ女優さん。ひとつの枠にとらわれず、アクションとか、ラブコメディとか、いろんなジャンルで演じられる女優になりたいな。

歌も踊りも大好きだから、いつかミュージカルにも挑戦できたらいいなと思っています。

そして5年後には、日本中の誰もが「知英」という名前を知っている女優になっていることが目標です。

10年後ですか？ うーん、これはあくまで希望、ただの夢なんですけど、ハリウッドに進出できていたら、と。いえ、もっと

TOKYO FM「知英の季節」（毎週火曜21:00〜21:20）でパーソナリティも

早くでもいいんですけど（笑）、国境を越えて活躍する女優でありたいな、と。その意味では、祖国でも活躍したいです。

だから、今は、努力、努力。

一日も早くお芝居で認められ、「素敵な女優さんだね」と言われるようになりたい。多分、私にとって、それが一番幸せなことだと思います。

あ、でも、プライベートでだって、もちろん幸せになりたいです（笑）。30歳までには結婚したいとも思ってる。

ということは……あと約10年くらいはお仕事に集中できるってこと？（笑）みなさん、応援よろしくお願いします！

Grow up!

こんにちは、知英です。
私のスタイルブックを 見てくれて ありがとうございます。
この本には 私の 沢山の 思い出が 詰まってます。
韓国から 留学していた ロンドン、初の海外だった沖縄まで!
私が成長してきた全てが この1冊に 入ってます。
この本を作りながら、また その当時の事を1つ1つ思い出しました。

韓国の 友達、ロンドンの 景色や その時 私が感じた事
私を支えてくれた 周りの人達 皆の事を考えたら1人じゃここまで
成長 できなかったと思います。ファンの皆さんが 私が どこにいても
応援してくれるから 頑張れます。
この本が 皆さんの 役に立つか 分かりませんが、楽しんで もらえたら
嬉しいです。これからも よろしくお願いします!!
ありがとうございました!!

知英

知英（ジヨン）

1994年1月18日生まれ。韓国出身。2008年K-POPユニット・KARAのメンバーとしてデビュー。2014年4月に脱退し、8月より日本にて女優活動をスタート。2014年10月放送開始のドラマ『地獄先生ぬ〜べ〜』（日本テレビ系）では雪女ゆきめ、2015年春公開の映画『暗殺教室』（東宝）では美人殺し屋役を熱演。7月から放映のテレビ朝日系ドラマ『民王』では謎の美人女子大生・村野エリカを演じる。

[Grow up!]

2015年8月27日　第1刷発行

著者	知英
発行者	石崎 孟
発行所	株式会社マガジンハウス
	〒104-8003 東京都中央区銀座3-13-10
	書籍編集部 ☎03-3545-7030
	受注センター ☎049-275-1811
印刷・製本所	凸版印刷株式会社

©2015 Jiyoung, Printed in Japan
ISBN978-4-8387-2775-9 C0095

乱丁本・落丁本は購入書店明記のうえ、小社制作管理部宛にお送りください。送料小社負担にてお取り替えいたします。但し、古書店等で購入されたものについてはお取り替えできません。定価はカバーと帯に表示してあります。本書の無断複製（コピー、スキャン、デジタル化等）は禁じられています（但し、著作権法上での例外は除く）。断りなくスキャンやデジタル化することは著作権法違反に問われる可能性があります。
※本書は消費税抜きで表示しています。

マガジンハウスのホームページ
http://magazineworld.jp/

PLANNING:
印田友紀（SMILE）

EDIT&TEXT:
黒木博子（SMILE）
佐藤美由紀

DESIGN:
北田絵夢

PHOTOGRAPHY:
小笠原真紀
Sophie（ロンドン）

HAIR&MAKE-UP:
KUBOKI（Three Peace）
柳川 覚（ロンドン）

STYLING:
知英（SWEET POWER）

COOPERATION:
ホテル オリオン モトブ
リゾート＆スパ
ANA全日本空輸

COORDINATE:
ロケーションファースト

EXEVTIVE PRODUCER:
岡田直弓（SWEET POWER）

ARTIST MANAGEMENT:
山川佳苗（SWEET POWER）

DESK:
井上典子（SWEET POWER）

CREATIVE SUPPORT:
知英（SWEET POWER）

SPECIAL THANKS:
レオン（SPICE POWER）